CIENCIA
ASOMBROSA

Enrosca y une

Un libro sobre tornillos

por Michael Dahl   ilustrado por Denise Shea

Traducción: Sol Robledo

PICTURE WINDOW BOOKS
Minneapolis, Minnesota

Agradecemos a nuestros asesores por su pericia:

Youwen Xu, Profesora
Department of Physics and Astronomy
Minnesota State University, Mankato, Minn.

Susan Kesselring, M.A.
Alfabetizadora
RosemountApple Valley Eagan (Minnesota) School District

Redacción: Jacqueline Wolfe
Diseño: Joseph Anderson
Composición: Melissa Kes
Dirección creativa: Keith Griffin
Dirección editorial: Carol Jones
Las ilustraciones de este libro se crearon con medios digitales.
Traducción y composición: Spanish Educational Publishing, Ltd.
Coordinación de la edición en español: Jennifer Gillis/Haw River Editorial

Picture Window Books
5115 Excelsior Boulevard
Suite 232
Minneapolis, MN 55416
877-845-8392
www.picturewindowbooks.com

Impreso en los Estados Unidos de América.

Library of Congress Cataloging-in-Publication Data
Dahl, Michael.
[Twist, dig, and drill. Spanish]
Enrosca y une : un libro sobre tornillos / por Michael Dahl ; ilustrado por
Denise Shea ; traducción, Sol Robledo.
p cm. — (Ciencia asombrosa)
Includes index.
ISBN-13: 978-1-4048-3236-7 (library binding)
ISBN-10: 1-4048-3236-X (library binding)
ISBN-13: 978-1-4048-2527-7 (paperback)
ISBN-10: 1-4048-2527-4 (paperback)
1. Screws—Juvenile literature. I. Shea, Denise. II. Title.
TJ1338.D2518 2005
621.8'82—dc22   2006034350

Contenido

Arriba del tobogán gigante, lista para lanzarte, respiras profundo… ¡y al agua! Te deslizas dando vueltas hasta que caes en la alberca. El tobogán tiene la misma forma que una máquina simple muy útil: el tornillo.

TORNILLOS

¿Qué es un tornillo?

Un tornillo es una máquina simple que nos ayuda a realizar trabajo. Un tornillo es un clavo con roscas que van de un extremo más alto a uno más bajo. Cuando algo pasa por el tornillo, se mueve en círculo.

8

Los desarmadores

Los desarmadores les dan vuelta a los
tornillos y los hacen entrar en la madera.
El tornillo, con sus roscas, se abre paso
dentro de la madera.

La cabeza del tornillo queda sobre la
superficie. Las roscas del tornillo lo
sujetan a la madera. Los tornillos
sirven para unir cosas.

También puedes sacar un
tornillo si usas el desarmador
en la otra dirección. El tornillo
va a salir y va a dejar un
hoyito redondo en la madera.

9

De todas las medidas

Algunos tornillos son muy pequeños. Mira un par de lentes. ¿Ves que tienen unos tornillitos que los unen?

Otros tornillos son del tamaño de la palma de tu mano. Puedes ver tornillos de todas las medidas en una caja de herramientas o en la ferretería.

Tornillos para excavar

Los tornillos pueden hacer hoyos pequeños, y hoyos grandes y profundos.

Los taladros son tornillos para excavar. Perforan el suelo y hacen hoyos para meter postes o astas de bandera.

Los taladros perforan el hielo para pescar en los lagos congelados.

Las tapas

Quieres prepararte algo de comer. Cuando abres la puerta del refrigerador, ves que muchos frascos y botellas tienen tapas que se cierran como tornillos para conservar fresca la comida. ¿Qué frascos y botellas tienen tapas que se atornillan?

A prender los focos

Los tornillos nos ayudan a ver todos los días. Observa la base de un foco. La parte de metal tiene roscas como los tornillos. El foco se afloja si le damos vuelta a la izquierda. Si le damos vuelta a la derecha, entra en el portalámparas.

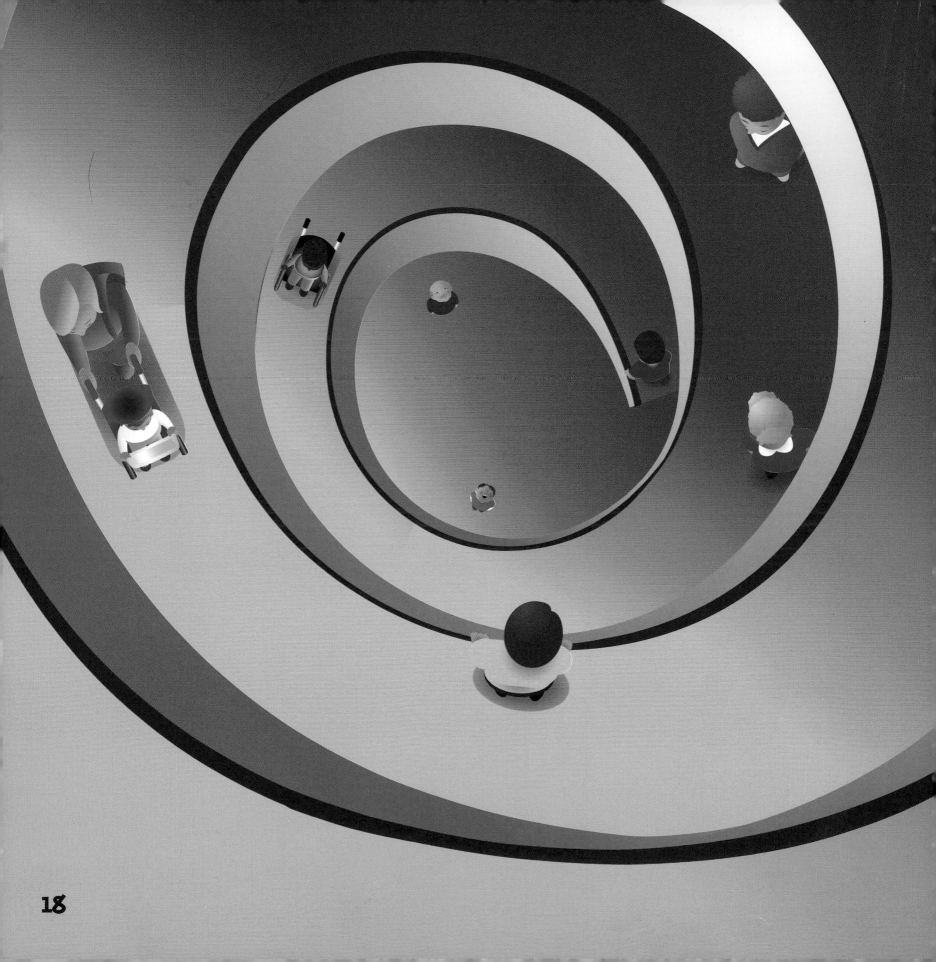

una curva de arriba a abajo

Los tornillos también nos ayudan a subir o bajar dentro de los edificios.

Un pasillo curvo en forma de tornillo guía a los visitantes de un museo de un piso a otro. El pasillo es como un tornillo.

Es hora de subirse a la escalera otra vez. Resbálate por el sacacorchos gigante para que gires y gires. Los tornillos no sólo nos ayudan con el trabajo… ¡también nos divierten!

Arriba y alrededor: Cómo funciona un tornillo

MATERIALES:

- bote de plástico de refresco (de 2 litros)
- pedazo de cartón ondulado
- lápiz
- tijeras
- cinta adhesiva
- plato grande de cereal (cereal de piezas pequeñas)
- un adulto

PASOS:

1. Con la ayuda de un adulto, corta la parte de abajo del bote de plástico.
2. Dibuja un círculo en el cartón con la base del bote de plástico. Corta el círculo con cuidado.
3. Dibuja un punto en el centro del círculo. Dibuja una espiral desde la orilla del círculo hacia el punto del centro. Después, corta la espiral con cuidado.
4. Sostén un extremo de la espiral donde estaba el punto del centro. Deja colgar el otro extremo. Ahora cuelga como un tornillo.
5. Pega el tornillo dentro del bote de plástico.
6. Ahora para el bote sobre el plato de cereal.
7. Dale vueltas al bote lentamente. El cereal va a subir por el tornillo hasta la punta del bote. Si no funciona, dale vueltas en dirección contraria.

PREGUNTAS:

1. ¿Qué más puedes hacer que suba por tu tornillo?
2. ¿Crees que funcionará con un bote más grande? ¿O uno más pequeño?

Datos curiosos

Las herramientas de forma de tornillo se volvieron muy populares alrededor del primer siglo. Pero los historiadores no saben quién inventó el primer tornillo.

Los primeros tornillos eran de madera.

Hay muchos tipos de cabeza de tornillos: de cabeza plana, de cabeza redonda, de caja cuadrada, de cruz y otros.

Atornillar y *desatornillar* vienen de la palabra *tornillo*.

Glosario

desarmador—herramienta para darle vuelta a los tornillos

máquina simple—máquina que nos ayuda a realizar trabajo

portalámpara—parte de una lámpara donde se enrosca el foco

taladro—tornillo especial que se usa para excavar en suelo duro

tornillo—máquina simple en forma de clavo con roscas que van de un extremo más alto a uno más bajo

Aprende más

EN LA BIBLIOTECA

Armentrout, Patricia y David. *¿Cómo podemos utilizar el tornillo?* Vero Beach, FL: Rourke Publishing, 2002.

Mezzanotte, Jim. *Cómo funcionan las rampas, las cuñas y los tornillos.* Minneapolis, MN: Lerner Publishing, 2006.

Walker, Sally M., Feldmann, Roseann y King, Andy. *Tornillos.* Minneapolis, MN: Lerner Publishing, 2005.

EN LA RED

FactHound ofrece un medio divertido y confiable de buscar portales de la red relacionados con este libro. Nuestros expertos investigan todos los portales que listamos en FactHound.

1. Visite *www.facthound.com*
2. Escriba una palabra relacionada con este libro o escriba este código: 1404813063
3. Oprima el botón FETCH IT

¡FactHound, su buscador de confianza, le dará una lista de los mejores portales!

ÍNDICE

BUSCA MÁS LIBROS DE LA SERIE CIENCIA ASOMBROSA:

Corta y para: Un libro sobre cuñas

Desliza y empuja: Un libro sobre rampas

Levanta y abre: Un libro sobre palancas

Llantas y rayos: Un libro sobre ruedas y ejes

Sube y baja: Un libro sobre poleas